Elfriede Rottenbacher

Lebendige Volkskunst KREUZSTICH

Die schönsten Borten, Sterne und Schriften

Leopold Stocker Verlag
Graz – Stuttgart

Umschlagfoto: Bild-Hauer, Graz
Umschlaggestaltung: Anita Schöberl, Graz

Hinweis:
Dieses Buch wurde auf chlorfrei gebleichtem Papier gedruckt.
Die zum Schutz vor Verschmutzung verwendete Einschweißfolie ist aus Polyethylen chlor- und schwefelfrei hergestellt. Diese umweltfreundliche Folie verhält sich grundwasserneutral, ist völlig recyclingfähig und verbrennt in Müllverbrennungsanlagen völlig ungiftig.

ISBN 3-7020-1136-6
ISBN 978-3-7020-1136-9

Layout: wdp-pointinger, Conrad von Hötzendorf Strasse 121, 8010 Graz

Gesamtherstellung: Gorenjski tisk, Kranj – Slowenien

Was du geerbt von deinen Vätern hast,
erwirb es, um es zu besitzen.
J. W. v. Goethe

Lebendige Volkskunst Kreuzstich

Meine Liebe zur Kreuzstichstickerei wurde vor ca. 60 Jahren geweckt, als ich gebeten wurde, beim Abzeichnen derartiger Muster im Grazer Kunstgewerbemuseum zu helfen.

Die Schönheit dieser Muster faszinierte mich derart, daß ich daheim begann, sie aus dem Gedächtnis nachzuzeichnen und neue zu entwerfen.

Nach dem Krieg gelang es mir, eine erste Mappe mit losen Blättern unter dem Namen „Alpenländische Handarbeitsmuster" herauszubringen. In großen zeitlichen Abständen folgten weitere. Als mein erster Verlag dann plötzlich aufgelöst wurde, sprang in dankenswerter Weise der Leopold Stocker Verlag ein und brachte meine letzte Mappe „Symbole im Kreuzstich" als Buch mit herausnehmbaren Blättern heraus.

Heute erlebt die Kreuzstichstickerei wieder eine Renaissance. Wann und wo sie entstanden ist, weiß man nicht. Jedenfalls ist sie eine Folge der Leinenweberei. Die ersten Webstühle waren nicht für größere Flächen gebaut, so daß man die schmalen Stücke der Länge nach aneinander nähen mußte. Um die Nähte zu verdecken, wurde eben darüber gestickt. Und nichts war logischer, als dem Fadenlauf zu folgen bzw. die Randfäden mit schrägen Stichen zusammenzufassen.

Wenn man den Stickfaden mit Naturfarben färbte, wie man das schon längst konnte, war der Weg nicht mehr weit zu einer bestickten Bordüre, wie sie die Römer an ihrer Tunika hatten. Also war der Kreuzstich doch älter als man dachte. Auch die Ägypter sollen ihn bereits gekannt haben.

Außerhalb von Europa, im Südwesten von China, hat ein österreichischer Volkskundeforscher namens Dr. Schuster große Mengen von Kreuzstichstickereien entdeckt, von welchen er einen größeren Teil mitnehmen konnte, als er in den unruhigen dreißiger Jahren nach Amerika fuhr. Diesen Sachverhalt habe ich dem Buch „Blue & White" entnommen, das ich bei einem Besuch in England in einem Geschäft entdeckt und gekauft habe. In diesem Buch werden auch chinesische Kreuzstichmuster gezeigt. Es ist erst nach dem Tod des Forschers erschienen.

Nachdem ich mich ein bißchen in der Welt und in der inzwischen gewachsenen einschlägigen Literatur umgesehen habe, mußte ich feststellen, daß es sich in letzterer hauptsächlich um überlieferte Muster handelt, die vorwiegend aus Museen stammen. Auch Mappen mit neu geschaffenen Mustern gibt es, was man nur begrüßen sollte, denn bei aller Bewunderung für das Überlieferte sollten auch die in einer lebendigen Kultur wirksamen schöpferischen Kräfte nicht der reinen Traditionspflege zum Opfer fallen.

Interessant ist, daß die wenigsten Muster an jenen Orten entstanden sind, an denen sie verwendet wurden.

Wenn man weiß, daß oft große Künstler wie Lucas Cranach oder Holbein d. J. so „nebenbei" auch Stickmuster anfertigten, die dann durch Holzschnitt oder Kupferdruck vervielfältigt, in Büchlein gebunden und auf Märkten oder durch fahrende Händler verkauft wurden, dann weiß man auch etwas über die Quellen der Muster.

Natürlich waren diese Bücher durch die aufwendige Handarbeit sehr teuer, weshalb sich die sozial niedrigen Schichten diese nicht leisten konnten. Da wurden eben Mustertücher bestickt, die bei Bedarf hervorgeholt und auch immer mit neuen Motiven ergänzt werden konnten. Solche Mustertücher waren noch zur Zeit unserer Großeltern in Gebrauch.

Daß die meisten alten Stickereien von Bauernhäusern stammen, ist nicht darauf zurückzuführen, daß am Land mehr gestickt wurde als in der Stadt. Der Bauer hatte eine engere Beziehung zu seinen Erzeugnissen. Er konnte z. B. ein Tischtuch, das nur zu Festzeiten verwendet wurde, vom Flachsanbau über das Spinnen und Weben und endlich das Sticken und auch das Färben des Stickgarns selbst herstellen. Gewebt mußte allerdings in Teilen werden, weil der Webstuhl nicht groß genug war. Hier mußte eben zusammengenäht und dann eine Borte darüber gestickt werden.

Arbeitsanleitung

Liebe Kreuzstichstickerin!
Lieber Kreuzstichsticker!

Nach diesen kurzen Einleitungsworten wollen wir uns nun der praktischen Arbeit zuwenden. Als Grundlage für das Kreuzstichsticken wird immer ein leicht zählbarer Stoff verwendet (Leinenbindung). Der Stickfaden sollte ungefähr die gleiche Stärke haben wie die Fäden des Gewebes. Auf keinen Fall darf er dünner sein, damit der Kreuzstich das darunterliegende kleine Stoffquadrat voll abdeckt. Das Fadenende darf nicht verknotet werden. Es wird entweder wie auf der Zeichnung Nr. 1 ganz kurz in den Stoffteil eingezogen, der nachher überstickt wird, oder an der Einstichstelle kurz hängen gelassen und nach Beendigung der Arbeit mit einem dünnen Faden in der gleichen Farbe des Stickfadens auf der Rückseite der Stickerei in die vorhandenen Stickfäden vernäht.
Zum Sticken verwenden Sie unbedingt eine stumpfe Nadel, zum Vernähen der weghängenden Fäden eine spitzige. Bei größeren bestickten Flächen kann zur besseren Abdeckung der Zopfstich verwendet werden (Zeichnung Nr. 2). Zur Auflockerung einiger Muster dient der Strich- oder Holbein-Stich (Zeichnung Nr. 3), genannt nach dem Maler Holbein, der sich, wie schon früher erwähnt, mit dem Entwerfen von Stickmustern beschäftigt hat.

Kreuzstich

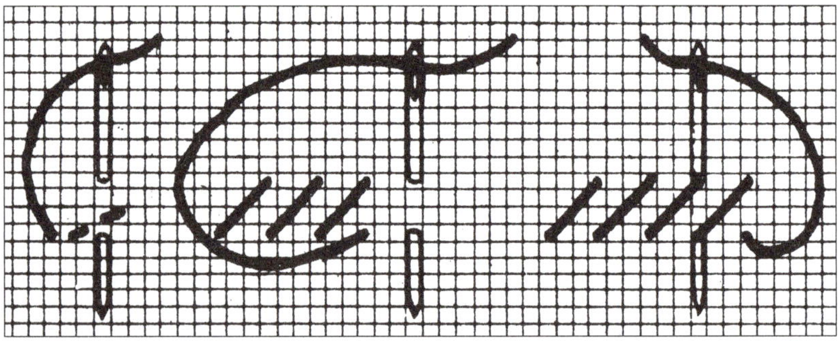

Anfang | Grundstich | Deckstich

Zopfstich

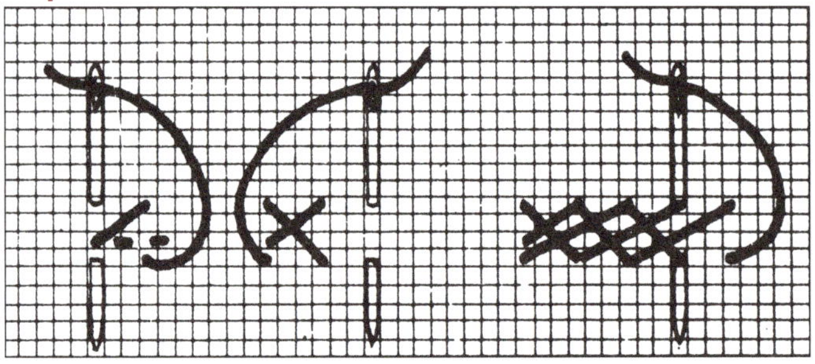

Anfang mit verkürztem Kreuz | langer Grundstich | kurzer Deckstich

Strich- (Holbein)stich

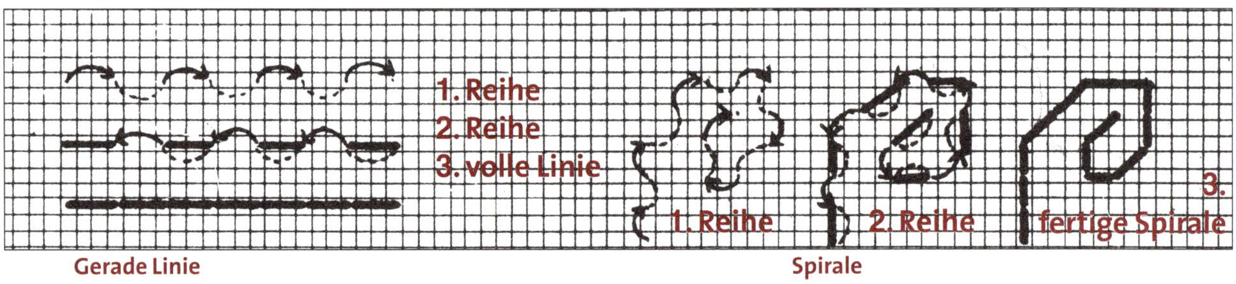

Gerade Linie | Spirale

Bevor man mit dem Sticken beginnt, sollte man feststellen, wieviel Platz man für das gewählte Muster benötigt. Das kann man sich ganz leicht ausrechnen, indem man eine kleine Probe von 10 Kreuzstichen in einer Reihe auf eine Ecke des zu bestickenden Stoffes stickt und abmißt. Wenn Sie dieses Probestück mit der gleichen Anzahl von Kreuzen in Ihrer Mustervorlage vergleichen, merken Sie den Unterschied, der zu berücksichtigen ist.
Wollen Sie eine Borte stikken, die eine Ecke bilden soll, und in der Vorlage keine vorhanden ist, dann können Sie einen kleinen Taschenspiegel als Hilfe benützen, der Ihnen – richtig aufgestellt – die Möglichkeiten der Eckbildung zeigt.
Der Anfängerin sei geraten, sich nicht zu viel vorzunehmen. Ein Monogramm, eine schmale Borte, ein Lesezeichen, ein kleiner Stern bringen, fertiggestellt, mehr Befriedigung als eine große Decke, die nie fertig wird und die Lust zu weiteren Arbeiten nimmt.

Nun kann ich Ihnen nur mehr gutes Gelingen wünschen und

Freude an der Arbeit

Graz, Herbst 2006 *Elfriede Rottenbacher*

Musterbeschreibung

Blatt 1	a)	Kleiner Lebensbaum mit Wassergefäß
	b, c, d)	Offene Ranken
	e)	Kleine geschlossene Bordüre
	f)	Blume mit Strahlenstern
	g)	Flächenmuster (Gitter mit Blüten)
	h)	Einzelmotiv mit Kreuz im Quadrat und geschlossenen Blüten
Blatt 2	a)	Quadratisches Mittelmotiv mit Hirschen, Nelken und dreiteiligen Blüten
	b, c, d, e)	Stehende oder wahlweise hängende Randmotive
	f)	Achtteiliger Stern (gefüllt)
	g)	Stehende Blüte mit Blättern und Knospe
	h)	Stehende Blüte mit 8 Blättern
Blatt 3		Großes dekoratives Alphabet A–S
Blatt 4	a)	Fortsetzung des großen Alphabets T–Z und Zahlen 1–9
	b)	Kleine, nach oben offene Bordüre aus Nelken
Blatt 5	a)	Größeres Motiv in quadratischer Form, dicht bestickt
	b, d)	Zwei kleine sternförmige Motive
	c)	Kleine Bordüren, von deren dicht besticktem Grund kleine Spiralen ausgespart sind
	e)	Einfacher Rand mit floraler Eckbildung
	f)	Kleiner Lebensbaum mit 10 Vögelchen
Blatt 6	a)	Kleines Teilstück eines Flächenmotivs
	b)	Aus einem Kreuz entwickeltes Blumenmotiv
	c)	Kleiner, zentral entwickelter Stern
	d)	Zentrales Blattmotiv
	e, f)	Kleine Randbordüren
	g)	Nach oben offene Bordüre
	h, i)	Zwei Buchstaben mit Randschmuck
	j)	Eine aus vier (oder mehr) runden Motiven zusammengesetzte Bordüre
Blatt 7		Dieses Blatt enthält außer zwei kleinen zentralen Motiven (b u. i) von a bis k lauter verschiedenartige Bordüren, die durch Erweiterung vielfach verwendbar sind
Blatt 8	a)	Bordüre aus aneinandergereihten Knospen mit wechselnder Richtung
	b)	Mittelmotiv, das von einer offenen Blüte nach außen gehend eine Kreuzform bildet
	c)	Eckbildung einer Bordüre, die durch Aneinanderreihung von Blüten und Blättern entstanden ist
	d)	Herzmotiv mit Tulpe und zwei größeren und zwei kleineren Vögeln
	e)	Kleines Kreuzmotiv
	f)	Eckbildung einer stehenden Borte mit barocken Schnörkeln
Blatt 9	a)	Einseitig geschlossene Borte in Spitzenform
	b)	Kleines Lebensbäumchen mit 6 Blütenknospen
	c)	Beiderseitig geschlossene Borte mit quadratischen Sternen
	d)	Einseitig geschlossene Borte (zarte Spitze)
	e)	Breite Randborte aus schräggestellten Rhombenmotiven mit Eckbildung
	f)	Dichte Borte, die nach oben oder unten leicht verlängert werden kann

Blatt 10
a) Nach oben offene Borte aus Lebensbäumchen mit lockerer Dekorzeichnung
b) Lockere Bordüre aus sternförmig angeordneten Blütenknospen
c) Bordüre mit abwechselnd ständigem Eichelmotiv
d) Abwechselnd hintereinander zu einer Bordüre angeordnete quadratische Motive
e) Geschlossene Bordüre mit schrägem Dekor

Blatt 11
a) Kleine Bordüre aus Kreuzen und Quadraten
b) Kleine doppelseitige florale Bordüre
c, e) Zwei kleine ornamentale Bordüren
d) Dicht besticktes Quadrat mit ornamentaler Füllung
f) Kleine Abschluß-Bordüre
g) Kleine Bordüre, die nach allen Richtungen erweitert als Flächenfüllung verwendet werden kann
h) Kleine Bordüre aus ineinandergreifenden Quadraten mit teilweiser Füllung
i) Kleine Ranke mit Knospen
j) Ähnlich wie i)
k) Bordüre, die durch Erweiterung in alle Richtungen auch als Flächenmuster verwendet werden kann
l) Kleine Borte aus ineinandergreifenden Rhomben

Blatt 12/13
Großer Lebensbaum mit Wassergefäß, stilisierten Blüten und Blättern

Blatt 14
a) Zwei auf einen Lebensbaum zulaufende Hirsche mit Blättern im Maul
b) Vier Herzen in einem quadratischen Motiv, das zu Borten oder Flächen erweitert werden kann
c) 8eckiges Motiv im viergeteilten Feld mit floralem Stern
d) Kleine lockere Borte, nach oben offen
e) Quadratisches Motiv mit stilisiertem Nelkenmuster
f) Kleines Motiv mit Knospen und Ähren

Blatt 15
a) Kreuzförmig angeordnetes Motiv mit Nelken und Blättern
b) Offene Blätterbordüre
c) Kleine Bordüre aus Dreisproß-Pflanzen
d) Kleiner Stern mit floralem Muster
e) Bordüre aus miteinander verbundenen, auf die Spitze gestellten Quadraten
f) Geschlossene Bordüre, in der sowohl positive als auch negative Muster (Stickgrund) zu sehen sind
g) Ovales Motiv, das durch Verlängerung an den Schmalseiten zur Borte wird
h) Kleine Ranke aus übereinandergestellten, versetzten Blütenknospen
i) Aus Quadraten entwickeltes Motiv, das durch Aneinanderreihen beliebig vieler Motive zur Borte wird
j) Kleine Bordüre

Blatt 16
a) Kleines Sternchen
b) Kleine geschlossene Borte
c) Kleiner vierfacher Blütenstern
d) Motiv mit vierfachen Blattsternen auf quadratischem Grund
e) Bordüre stehend mit geschlossenen Tulpenblüten
f) Flächenmuster – Teilstück
g) Borte aus Nelkenblüten
h) Flächenmuster
i) Geschlossene Borte (ohne die Randlinien auch als Flächenmuster verwendbar)
j) Kleine stehende Borte – durch Spiralen in Holbeinstickerei aufgelockert

Blatt 17	a)	Muster besteht aus zwei Teilen, kann beidseitig an den Enden zur Bordüre erweitert werden
	b)	Kleine lockere Bordüre (leicht zu verlängern)
	c)	Kleines Sternchen (vielseitig verwendbar)
	d)	Auf Zackenrand stehende Blümchen bilden eine nach oben offene Bordüre
	e)	Kleine Bordüre, ähnelt einer gedrehten Schnur
	f)	Begrenzte, kleine Bordüre
	g)	Breitere Bordüre mit floralem Muster
	h)	Ranke mit hängenden Glockenblumen
Blatt 18	a)	Lockere Bordüre
	b)	Der Hauptteil dieses Motivs läßt nur so viele Linien frei, daß einige herzförmige Blütenblätter sichtbar werden, die in Quadrate eingebaut sind. Die abgeflachten Randeinbuchtungen sind mit Bäumchen dekoriert
	c)	Bordüre aus verschiedenen großen Quadraten, die an beiden Rändern durch knospenartige Gebilde verbunden sind
	d)	Aus einer zentralen Kreuzform ausgehend sind hier 16 Blätter zu einem Muster aufgebaut
	e)	Aus einem schmalen Randmuster wachsen hier schräggestellte Blütenmotive, die rechtwinkelig links angesetzt eine Eckbildung ergeben würden
	f)	Lockere Borte (ausbaufähig)
	g)	Kleines zentrales Tulpenmotiv
Blatt 19	a)	Sehr schmales Randmuster
	b)	Breite geschlossene Bordüre mit Eckbildung
	c)	Anfang einer hier aus zwei zentral aufgebauten Motiven zu gestaltenden Borte, die beliebig fortgesetzt werden kann
	d)	Ranke aus doppelten Blüten und Blättern (stehend oder hängend verwendbar)
	e)	Doppelseitige Blütenbordüre
	f)	Auf schräggestellten Kreuzen aufgebaute Bordüre
Blatt 20	a)	Auf mehreren Kreuzen aufgebautes Mittelmotiv, das am äußeren Rand mit Knospenformen endet
	b)	Eckbildung für eine lockere, auf einem Zackenmuster aufgebaute Bordüre (mit Holbeinstich)
	c)	Kleine Eckbildung für einen lockeren Randabschluß
	d)	Ranke mit jeweils dreifachen Blütenbüscheln
	e)	Eckbildung für Borte aus aneinandergereihten Rhombenmotiven
Blatt 21	a)	Rosette aus vier Tulpenmotiven, die sich nach außen auflockern
	b)	Florales Gebilde (der Phantasie sind keine Grenzen gesetzt) als Bordüre
	c)	Bordüre aus Bäumchen und Herzen
	d)	Eckbildung für eine lockere Bordüre aus Blumen und Blättern
	e)	Eckbildung für eine schwungvolle Blumenbordüre
Blatt 22	a, c)	Zwei Alphabete verschiedener Größe inkl. der passenden Ziffern
	b)	Kleine Bordüre aus Quadraten
	d)	Größere Bordüre aus strahlenden Kreuzen

Blatt 23

a) Ranke aus aneinandergereihten Nelkenblüten
b) Kleiner Lebensbaum mit Wassergefäß
c) Florale Ranke mit Spiralen in Holbeinstich
d) Aus einem Kreuz entwickeltes quadratisches Motiv mit floralen Akzenten
e) Flächenmuster auf einem Gitter
f) Auf einem schräggestellten Kreuz aufgebaute Blumen und Blätter
g) Durch Aneinanderreihung mehrerer, aus einem Quadrat entwickelter Motive entstand diese Bordüre, die u. a. florale Elemente enthält

Blatt 24

a) Geschlossene Bordüre aus nußähnlichen gegenständig angeordneten Gebilden
b) Quadratisches Mittelstück mit floralen Motiven
c) Kleine Bordüre mit Knospen in einem Gitter (läßt sich nach allen Seiten erweitern)
d) Geschlossene Bordüre. Zwischen zwei geraden Linien sind sich kreuzende Bänder eingefügt, die jeweils vier angedeutete Blüten umschließen, die in den Feldern außerhalb der Kreuzungen wiederholt werden
e) Geschlossene Bordüre, in der auf einem Netzgrund achtblättrige Blumen voll ausgestickt werden, dazwischen Motive mit kleinen Kreuzen

Blatt 25

a) Geschlossene Bordüre mit Randmotiv und sich wiederholende florale Innenmotive
b) Geschlossene Bordüre, wobei achtteilige Sternmotive durch ein mehrfach gekreuztes Band zusammengehalten werden
c) Einseitig offene Bordüre mit Spitzencharakter
d) Rundes Mittelmotiv, von einem Kreuz in der Mitte ausgehend (als Glasuntersatz denkbar)

Blatt 26

a) Borte-Eckbildung, zwei Grundmotive wechseln einander ab und werden in der Ecke durch neue Gestaltungselemente rechteckig miteinander verbunden
b) Diese Borte, die hauptsächlich aus aufrecht stehenden Gewächsen besteht, die auf würfelartigem Boden stehen, hat auch eine rechtwinkelige Eckbildung
c) Bei dieser kleineren Bordüre wachsen auch aus lockerem Boden allerlei Kräuter
d) Sehr lockere Bordüre mit Eckbildung. Das Hauptmotiv wird durch eine dünne, verschlungene Schnur zusammengehalten
e) Ansatz einer Bordüre, die nach oben und unten verlängert werden kann
f) Bei dieser Bordüre mit Eckbildung kommt ein sehr altes Volkskunst-Motiv zur Geltung – der Granatapfel, der Fruchtbarkeit symbolisiert
g) Kleine Bordüre aus Quadraten

Blatt 27

a) Quadratisches Motiv, wobei vom Zentrum Blumenstengel mit Blättern zu den vier Ecken führen, wo sie sich zu Blumen zerteilen
b) Stehende (oder hängende) Ranke mit Blüten
c) Stehende (oder hängende) Ranke mit Blättern
d) Stehende (oder hängende) Ranke mit Blättern
e) Geschlossene Bordüre mit übereinanderliegenden Quadraten, mit Blümchen zwischen den Hauptmustern

Blatt 28

a) Zartes Alphabet mit Zahlen
b) Bordüre mit Tulpen und Pfauenpaar
c) Geschlossene Bordüre mit floralem Muster in gegenständiger Anordung
d) Bordüre mit sternförmig angeordneten Blüten und Verbindungsteilen
e) Stehende oder hängende florale Bordüre

Blatt 29

a, b, d) Drei Alphabete mit Zahlen
c, e) Zwei liegende Blattranken

Blatt 30/31 Großer Lebensbaum mit Wassergefäß, Blüten und zwei Vögeln

Blatt 32
a) Quadratisches Mittelmotiv mit Flechtbandmuster
b) Tulpenranke
c) Flechtband-Bordüre
d) Gekreuzte Zick-Zack-Bordüre
e) Flechtband-Bordüre mit Eckbildung

Blatt 33 Lateinisches Alphabet mit Zahlen von 1 bis 0

Blatt 34
a) Sehr kleine Bordüre aus zusammenhängenden, verschieden großen Dreiecken
b) Offene Bordüre aus zusammenhängenden, verschieden großen Quadraten bzw. Dreiecken
c) Geschlossene Bordüre aus schräggestellten Kreuzformen
d) Ranke aus zart verbundenen Blättern
e) Breite, geschlossene Bordüre aus ineinander übergreifenden rechteckigen Kreuzmotiven
f) Geschlossene Bordüre aus zweierlei abwechselnden, teilweise floralen Motiven

Blatt 35
a) Floral anmutendes Motiv, das mit einem Sternchenmotiv zu einer Bordüre verbunden ist
b) Bordüre aus geometrischen Teilen, die auch zu einem Flächenmuster erweitert werden kann
c) Bordüre mit eindeutigen Kreuzmotiven (oben und unten durch schmale Ränder angeschlossen)
d) Ranke mit Blättern und herabhängenden Früchten
e) Kleine florale Bordüre
f) Kleine dekorative Bordüre
g) Geschlossene Bordüre mit sowohl aufrechten als auch schräggestellten Kreuzen

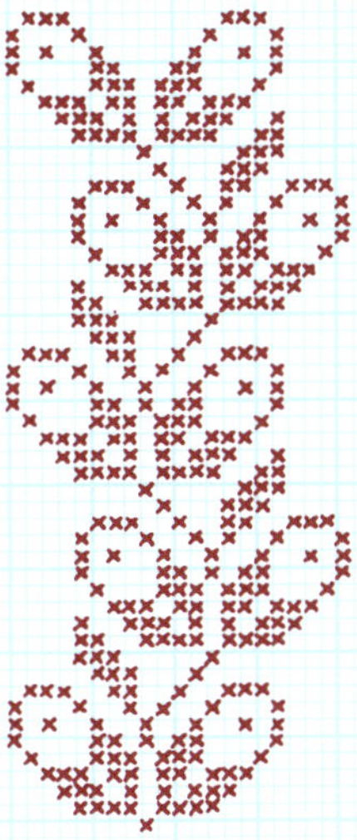

c

a

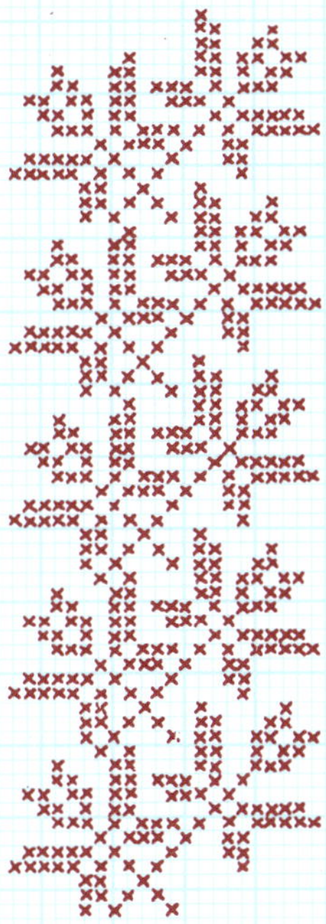

d

b

e

f

g

h

b

a

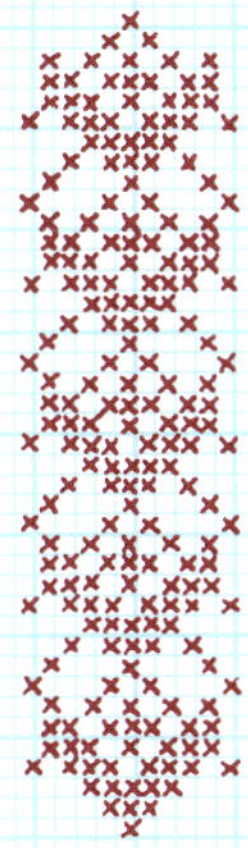

d

c

e

g

f

h

a

a

b

a

b

c

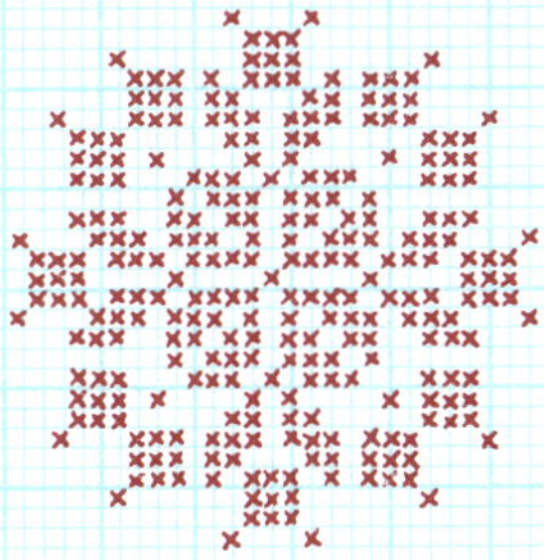

d

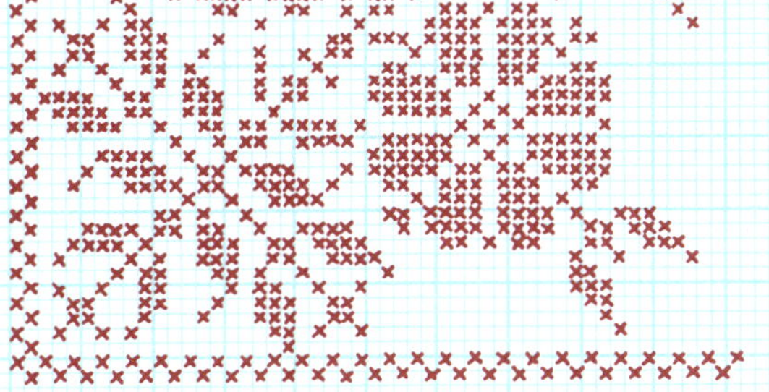

e

f

b
a
c
e
d
f
h
g
i
j

a

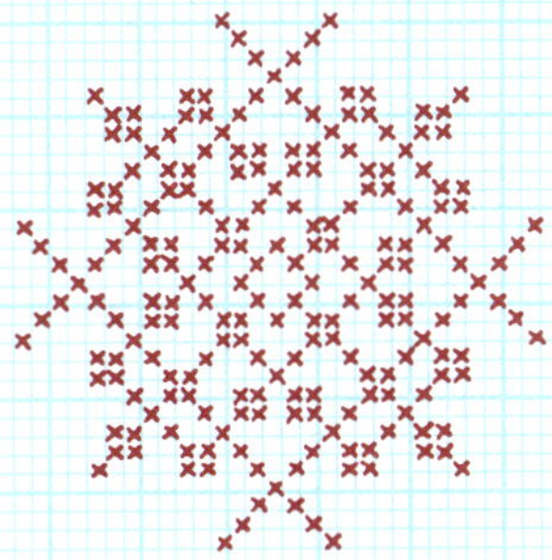

b

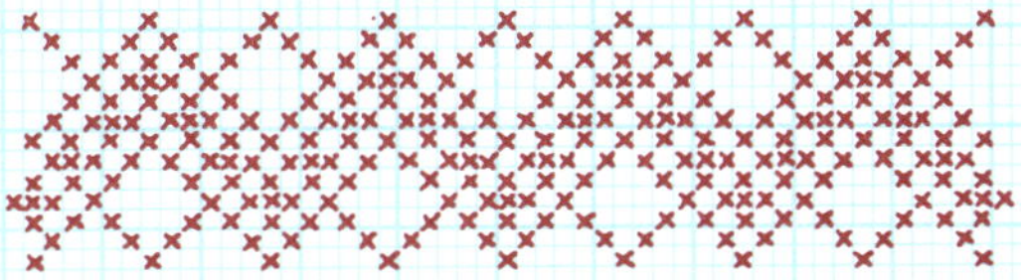

c

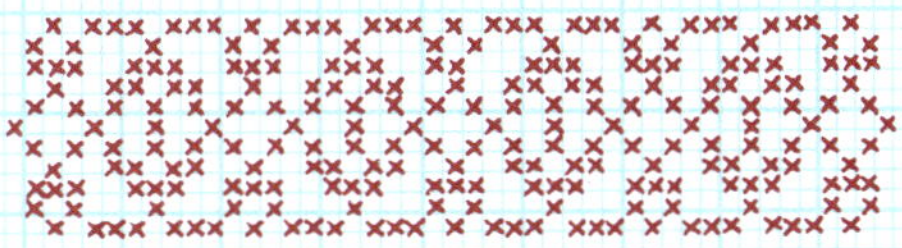

d

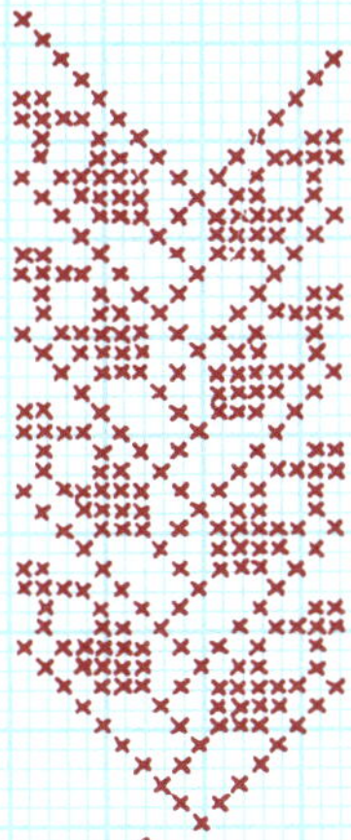

f

e

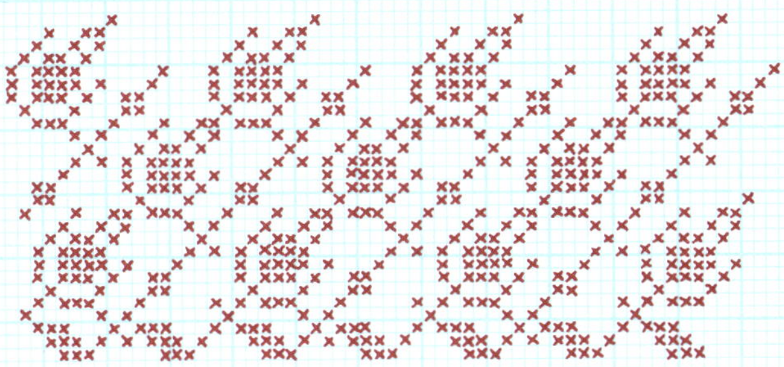

g

h

k

i

j

a

b

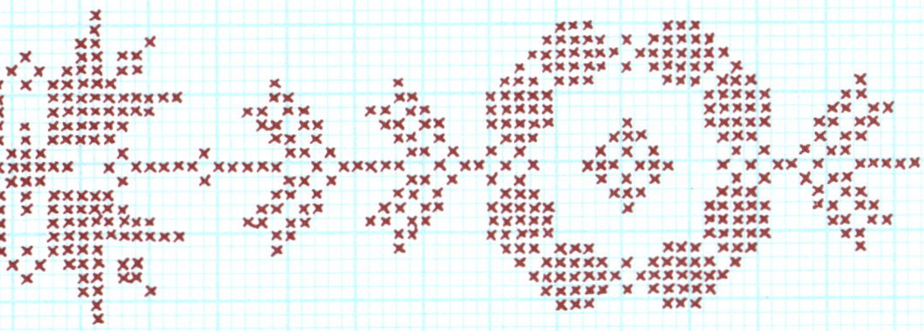

c

d

e

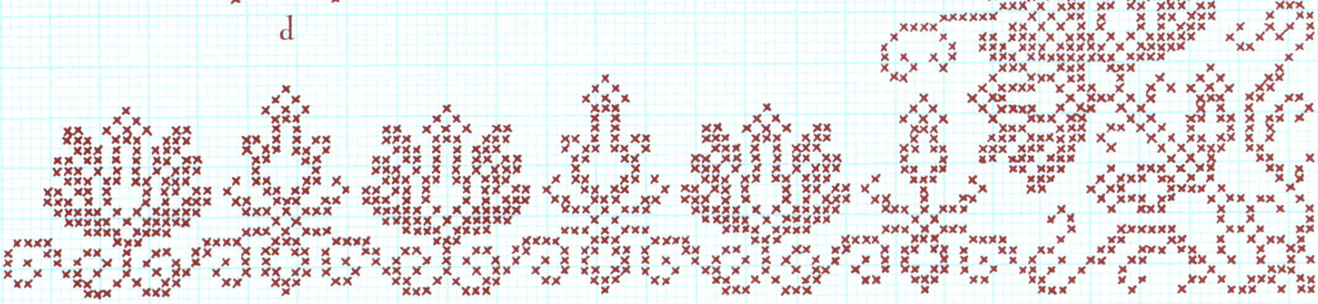
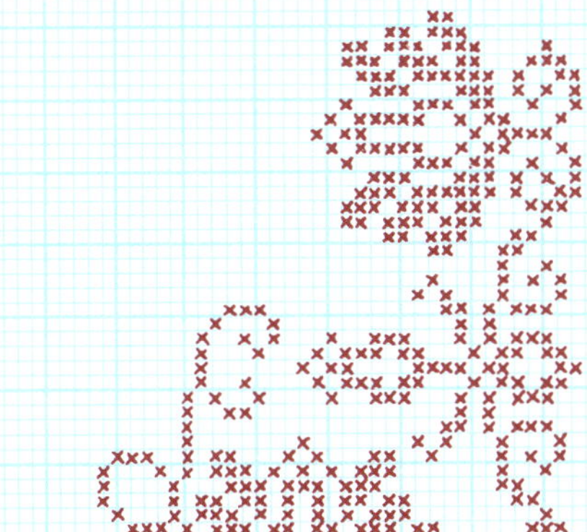

f

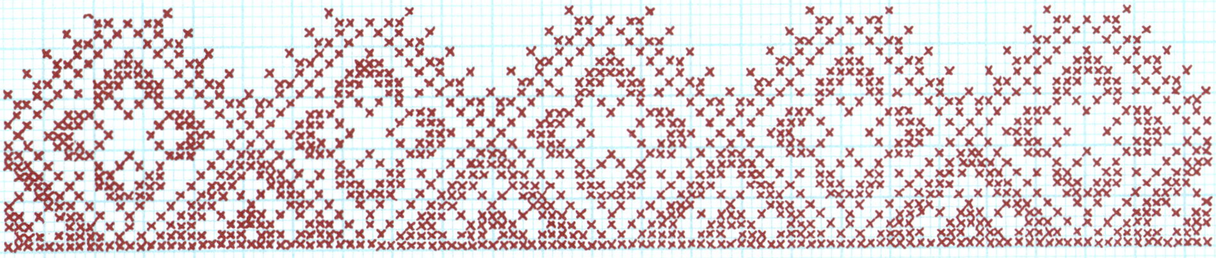

a

b

c

d

e

f

a

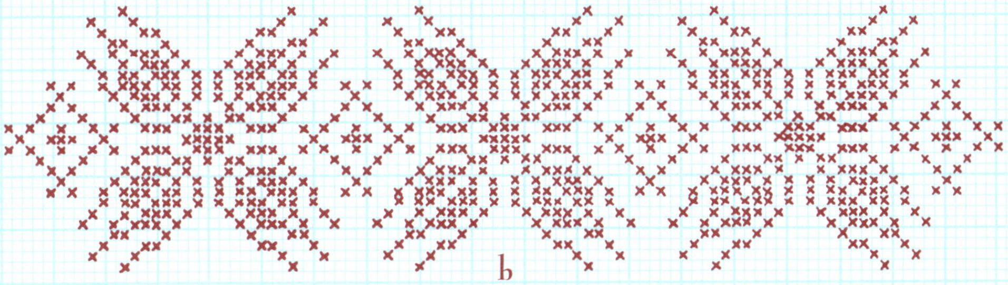

b

c

d

e

a

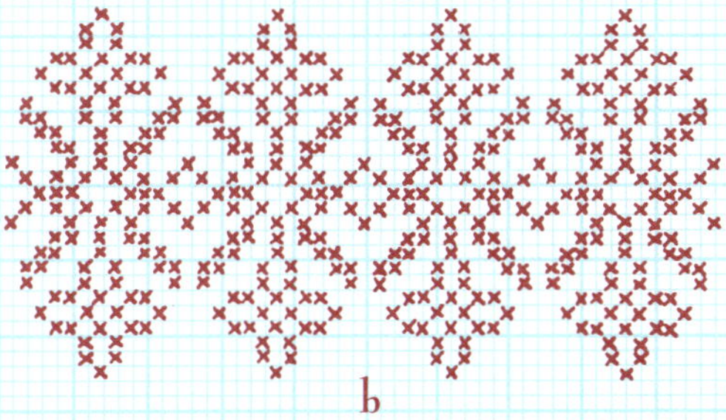

b

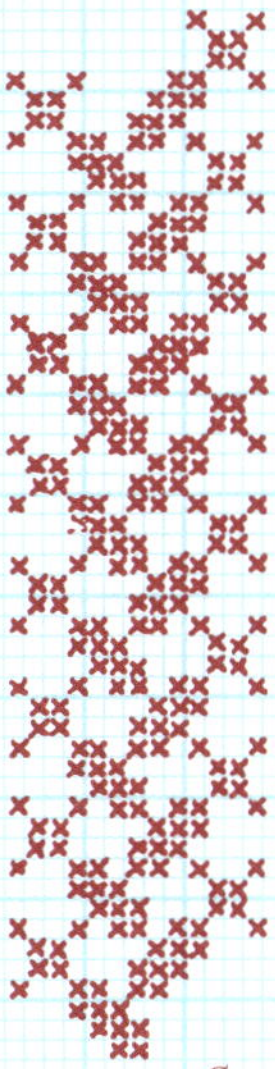

c

d

e

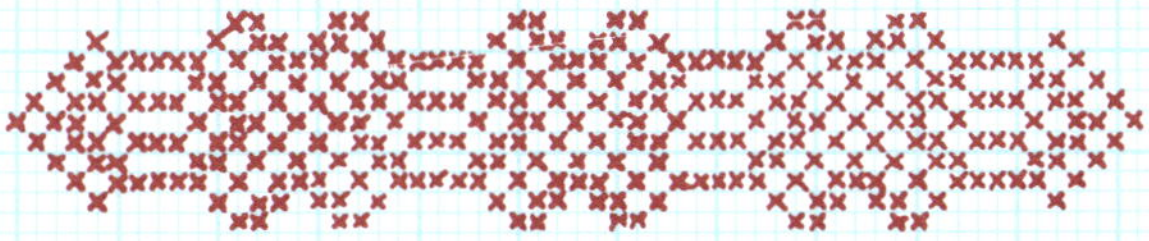

f

g

h

i

j

k

l

2. Teil siehe Blatt 13

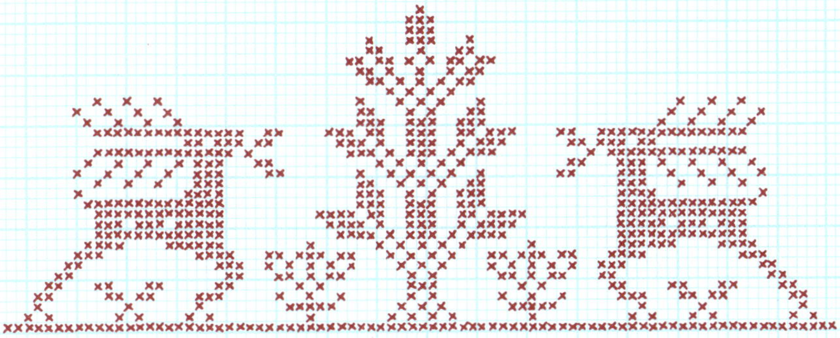

a

b

c

e

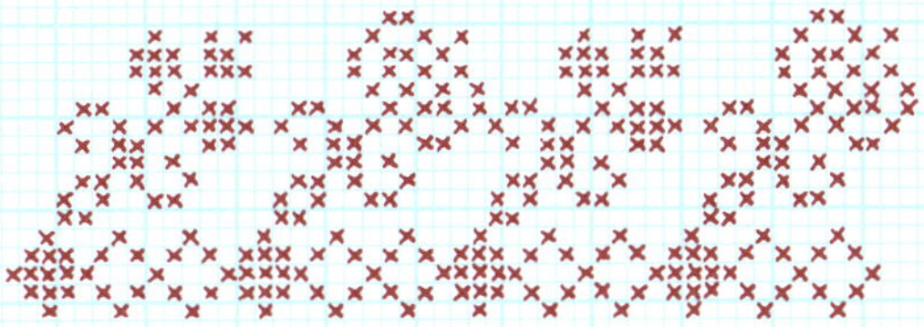

d

f

a

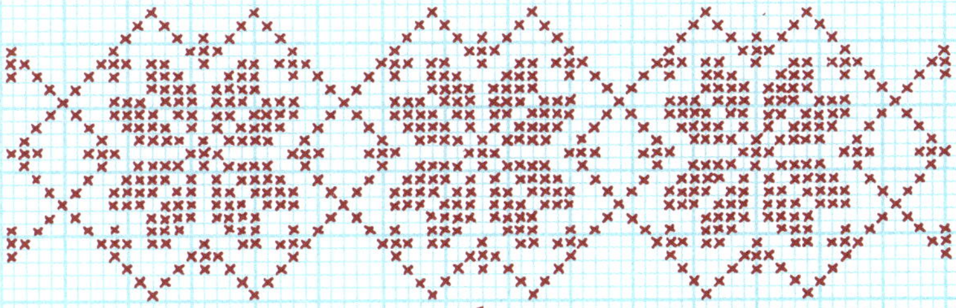

b

c

d

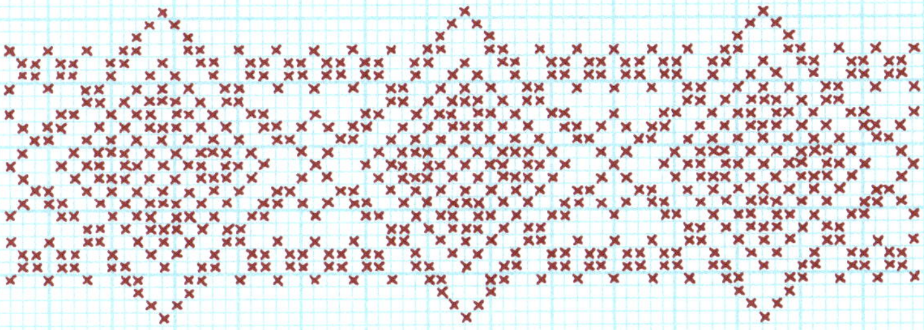

e

f

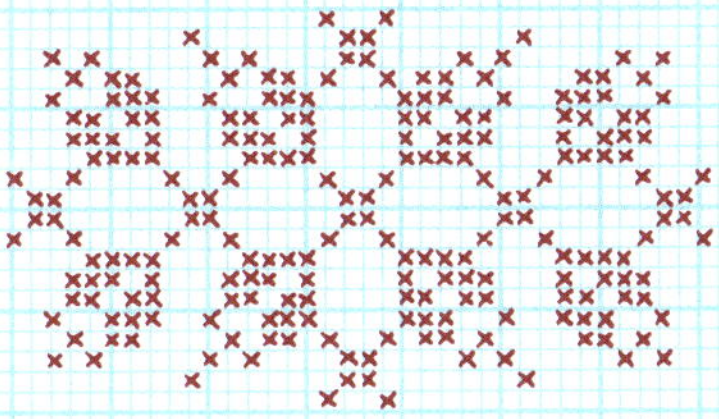

g

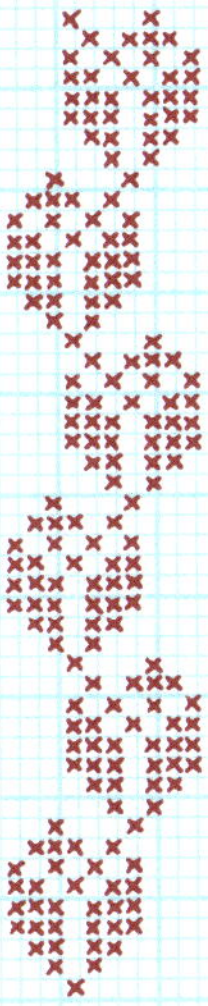

h

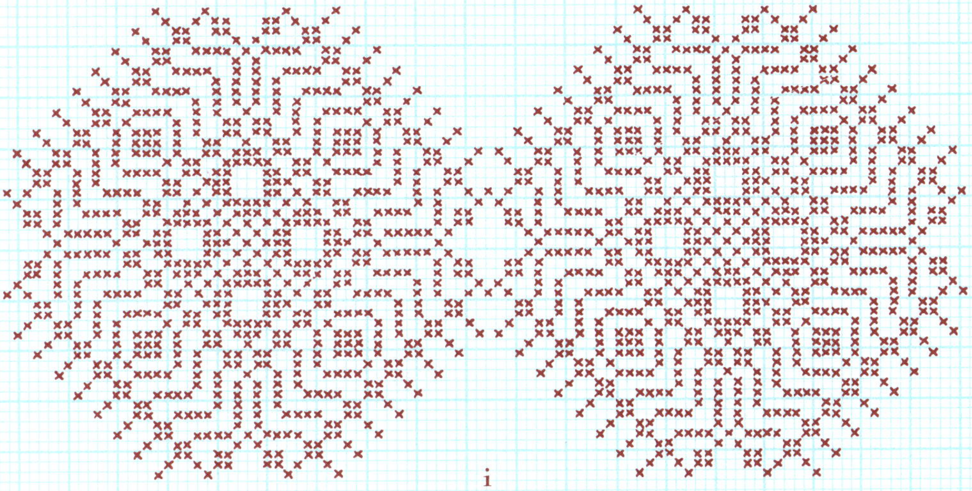

i

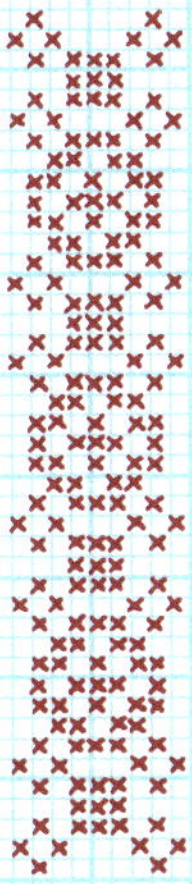

j

a

b

c

d

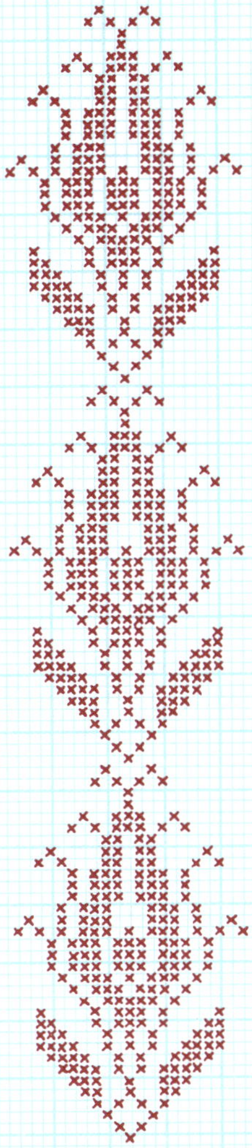

e

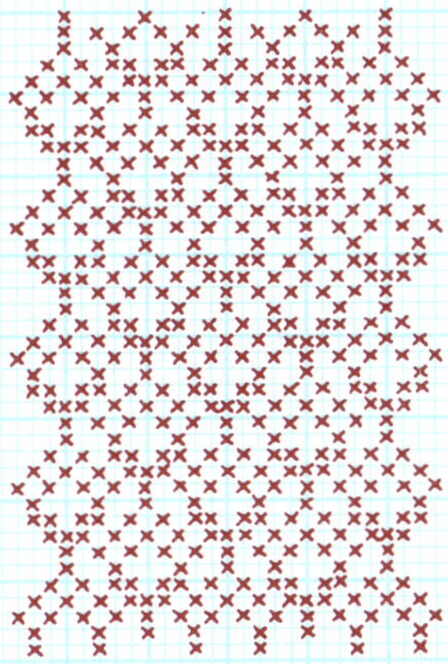

f

g

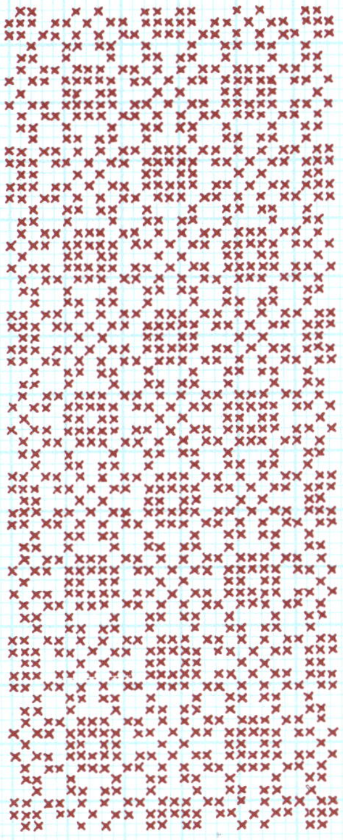

h

i

j

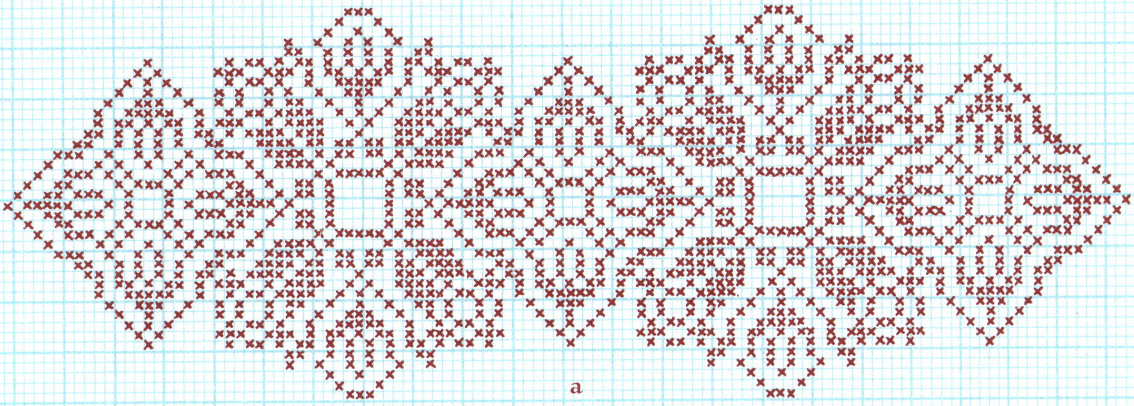

a

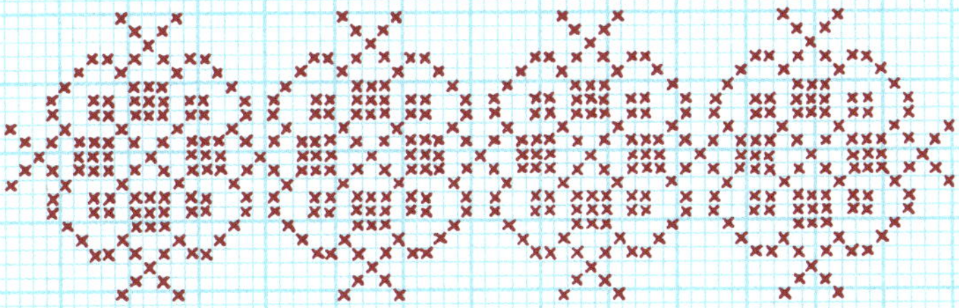

b

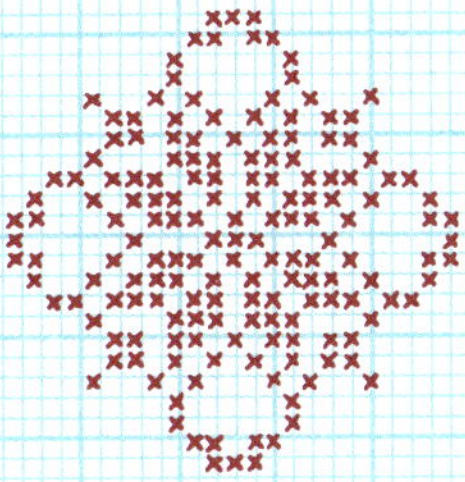

c

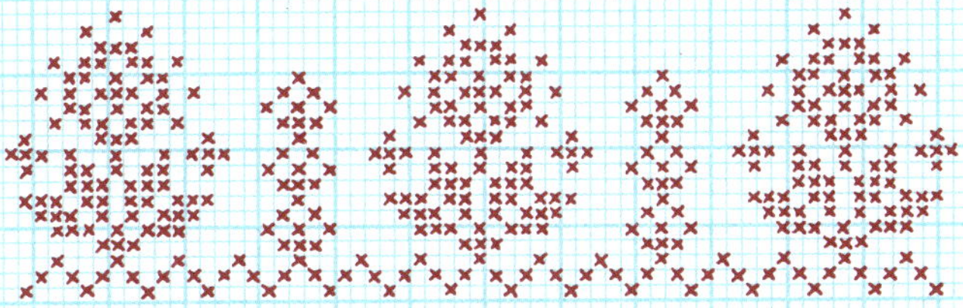

d

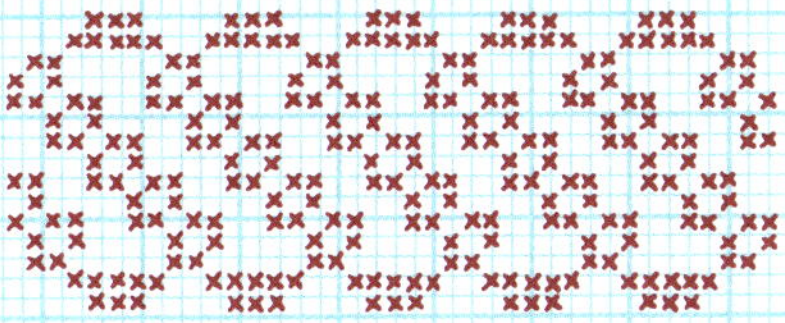

e

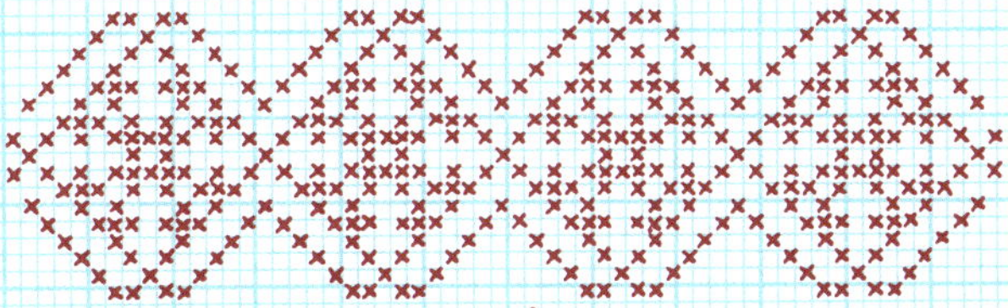

f

g

h

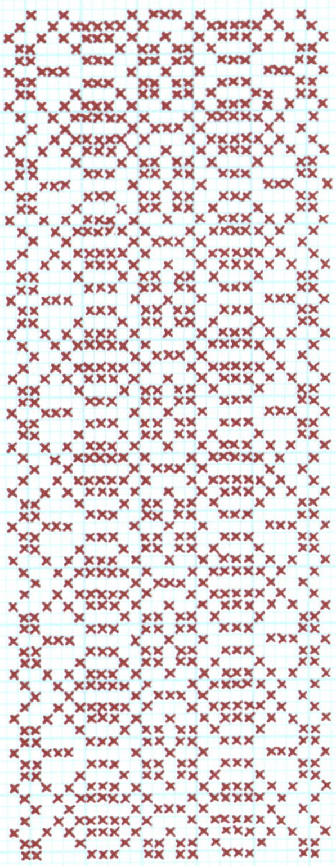

a

b

c

d

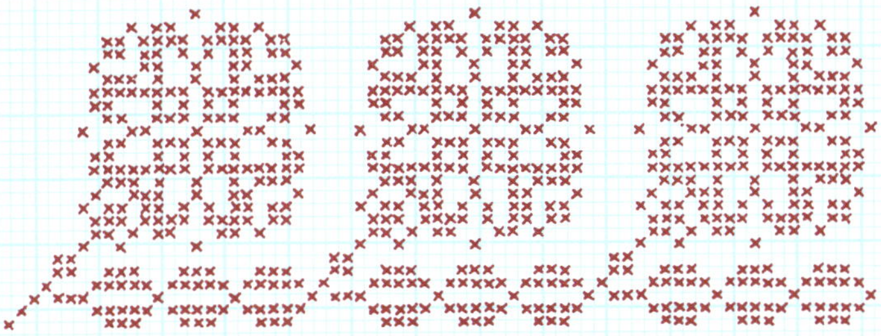

e

f

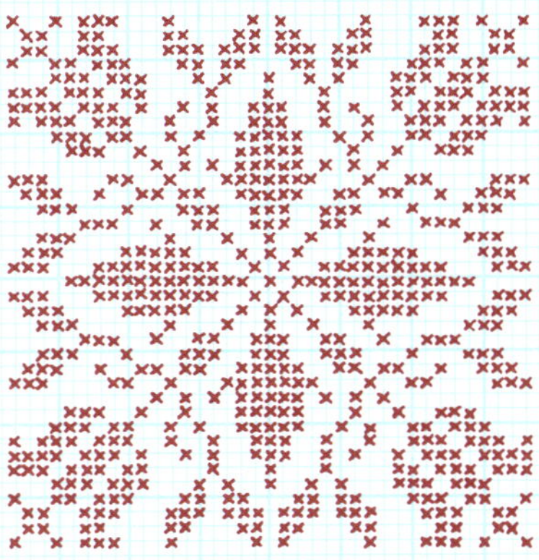

g

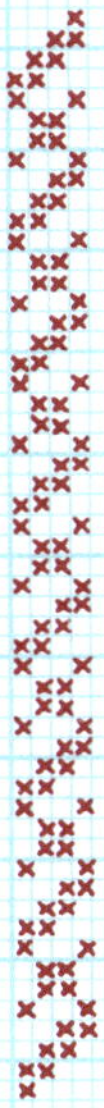

a

b

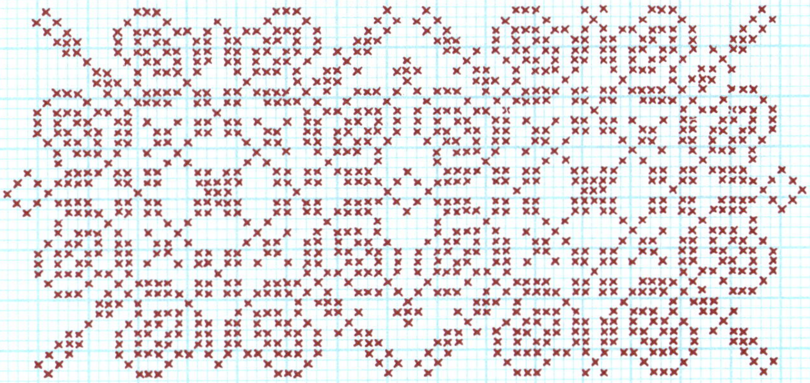

c

d

e

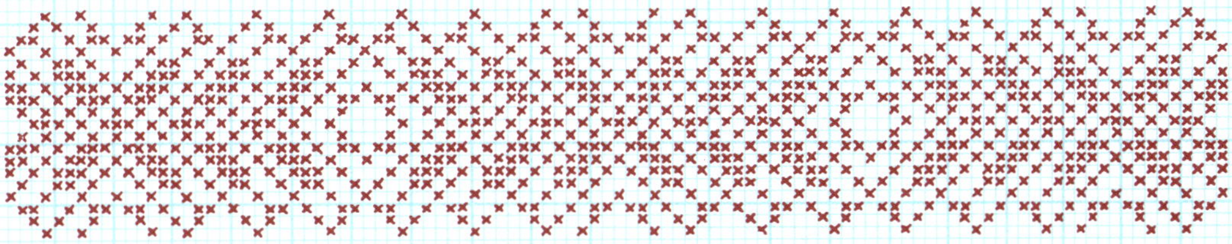

f

a

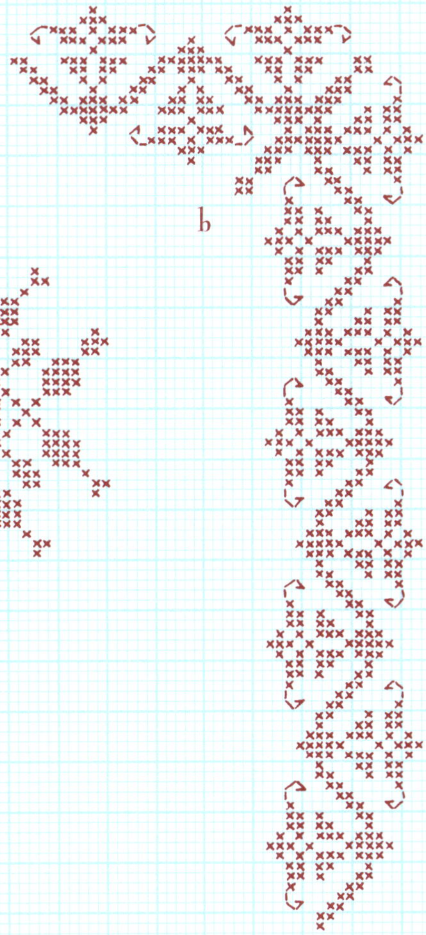

b

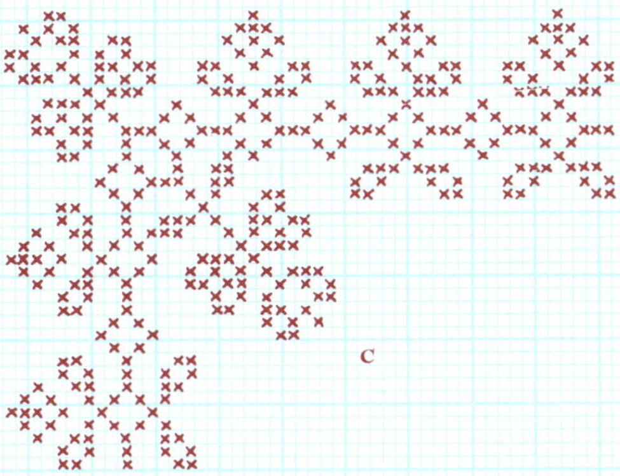

c

d

e

Blatt 20

a

b

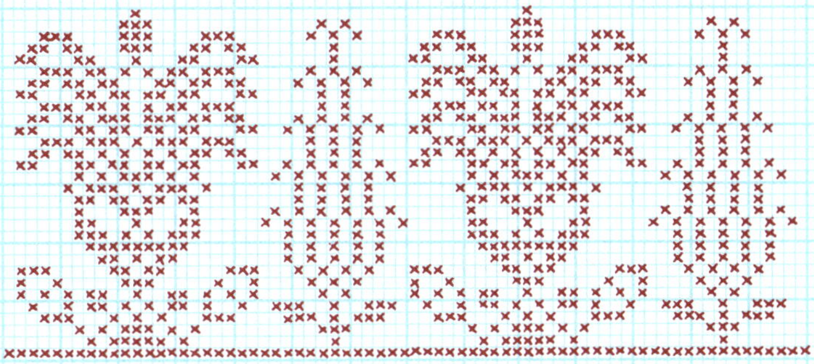

c

d

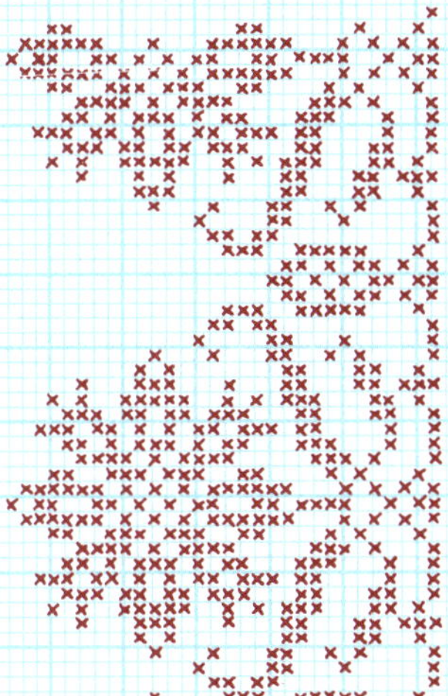
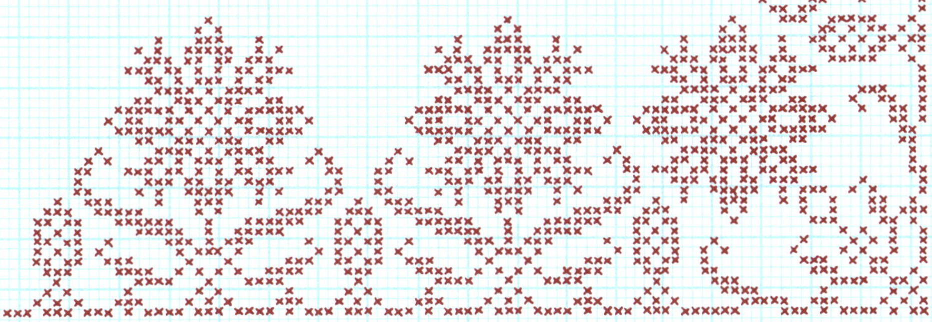

e

ABCDEFGHI
JKLMNOP
QRSTUVW
XYZ123456
7890

a

b

ABCDEFGHIJKLMN
OPQRSTUVWXYZ
1234567890

c

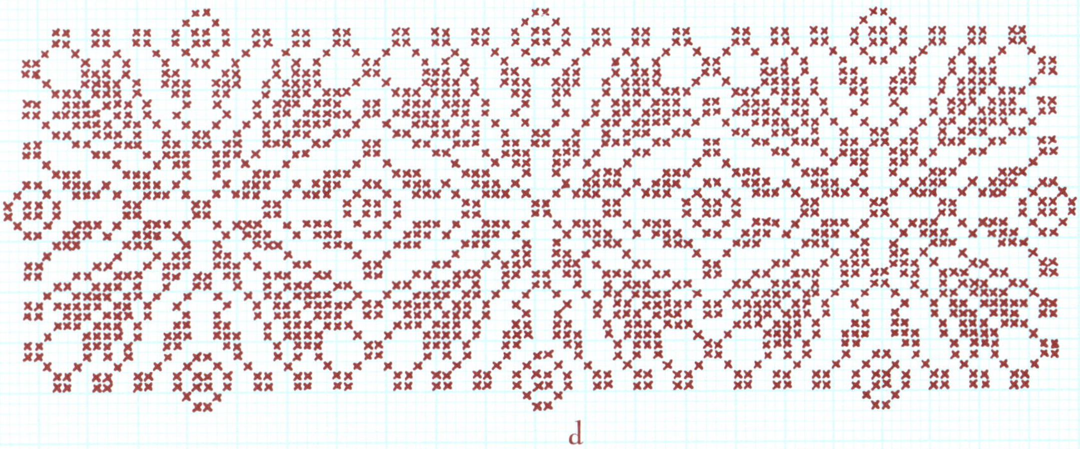

d

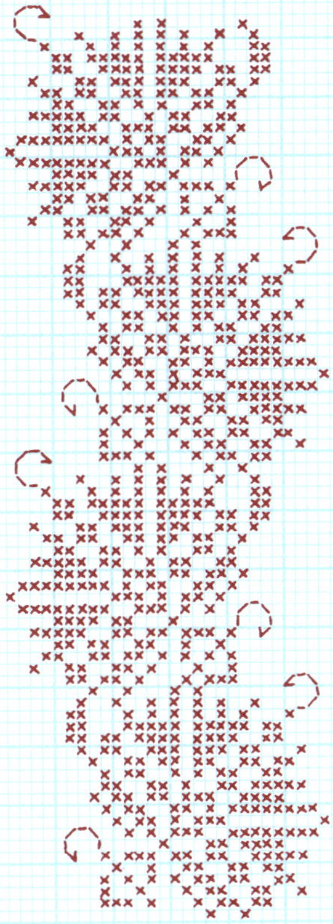

a

b

c

d

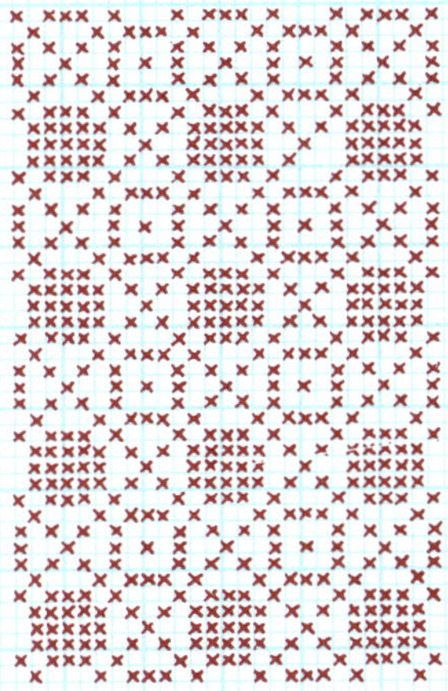

e

f

g

a

b

c

d

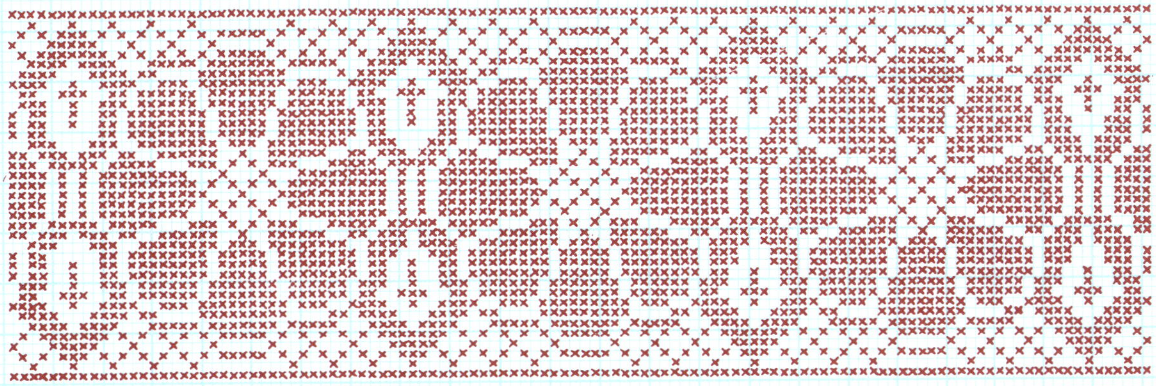

e

b

a

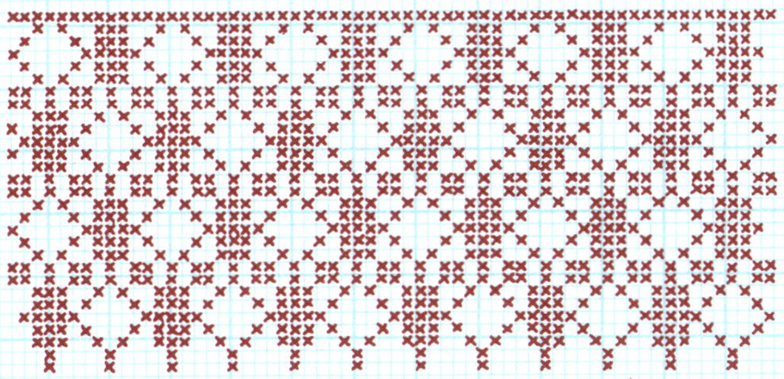

c

d

a

b

c

d

e

f

g

a

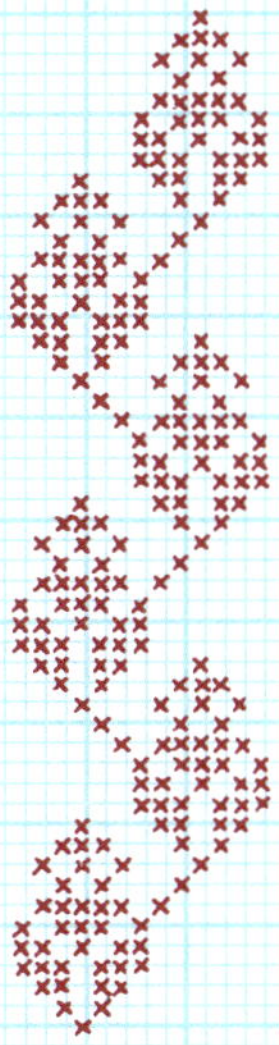

b

c

d

e

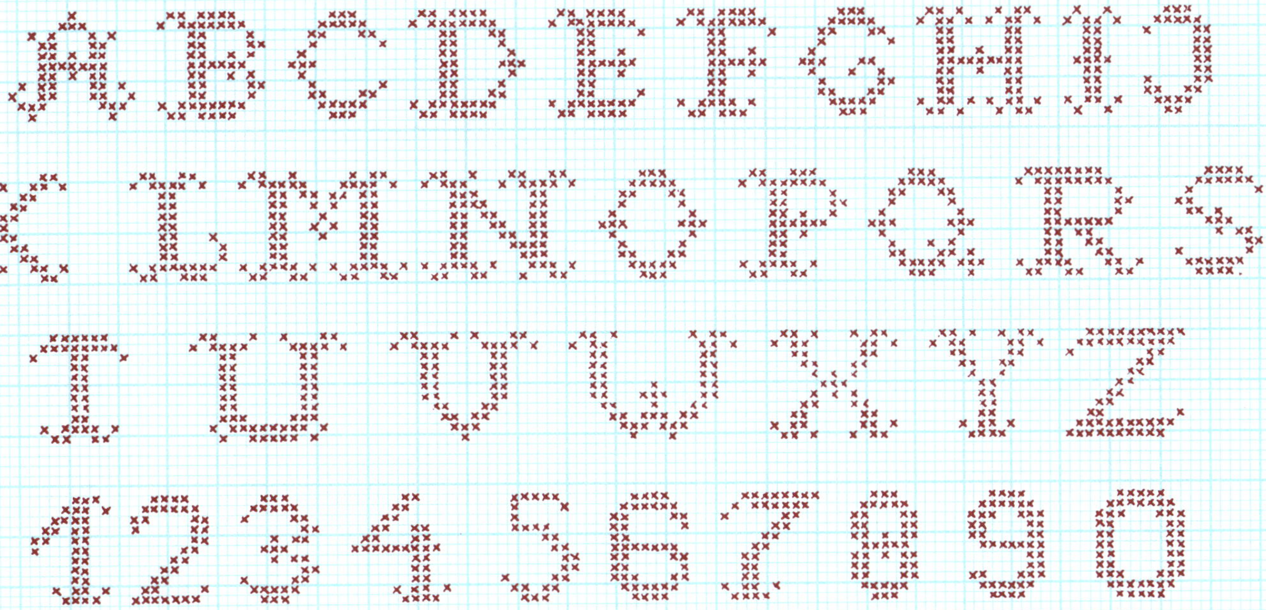

a

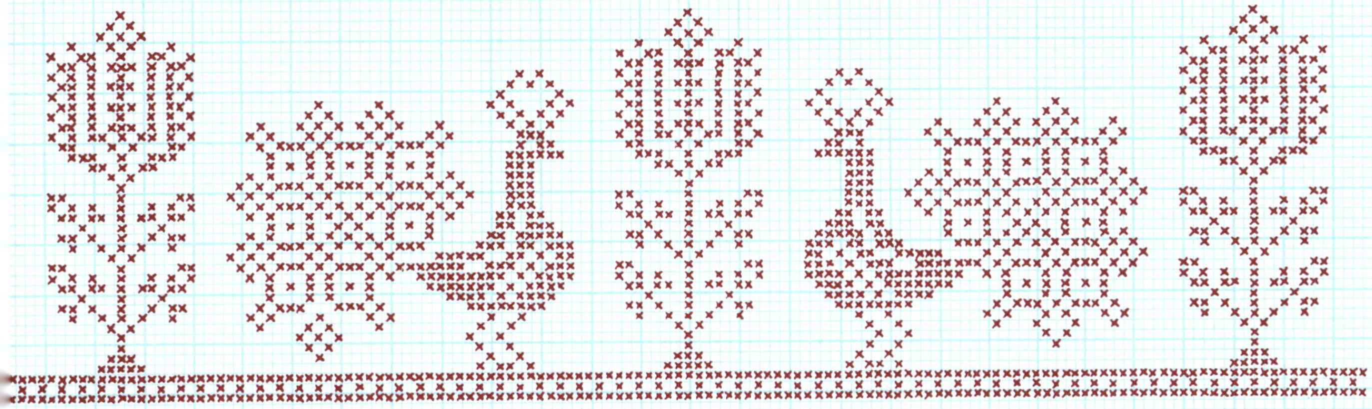

b

c

d

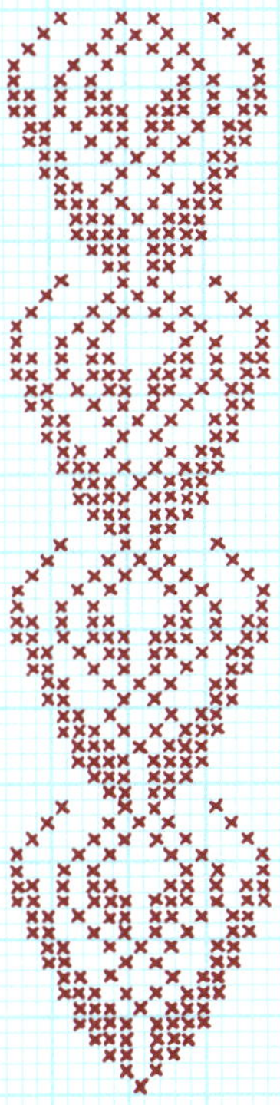

e

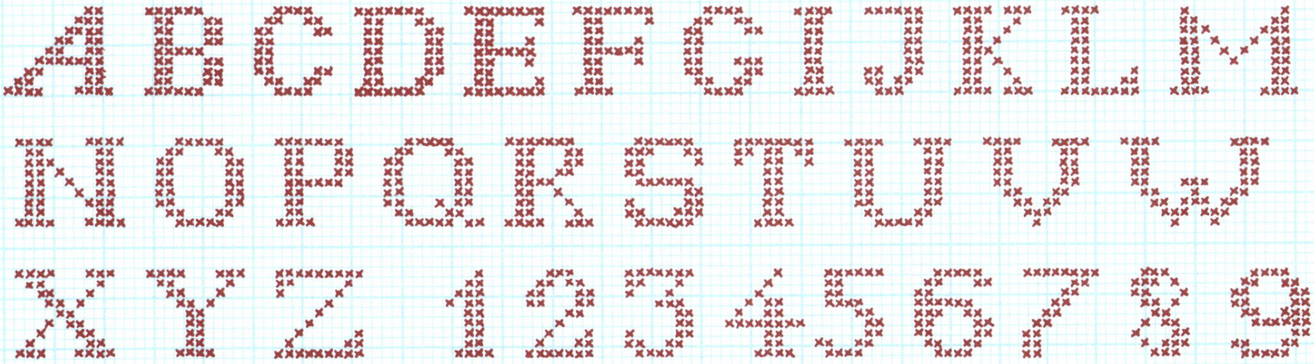

a

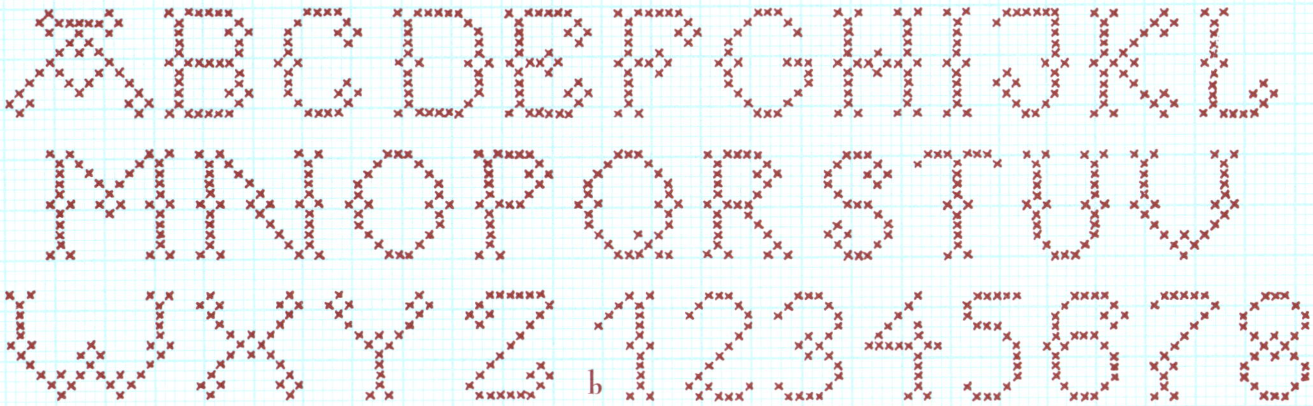

b

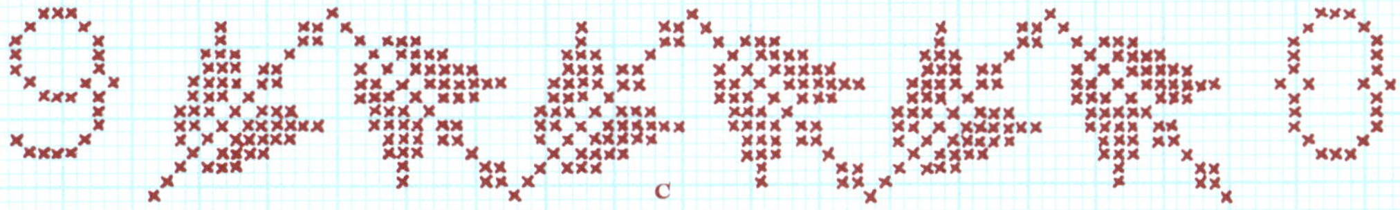

c

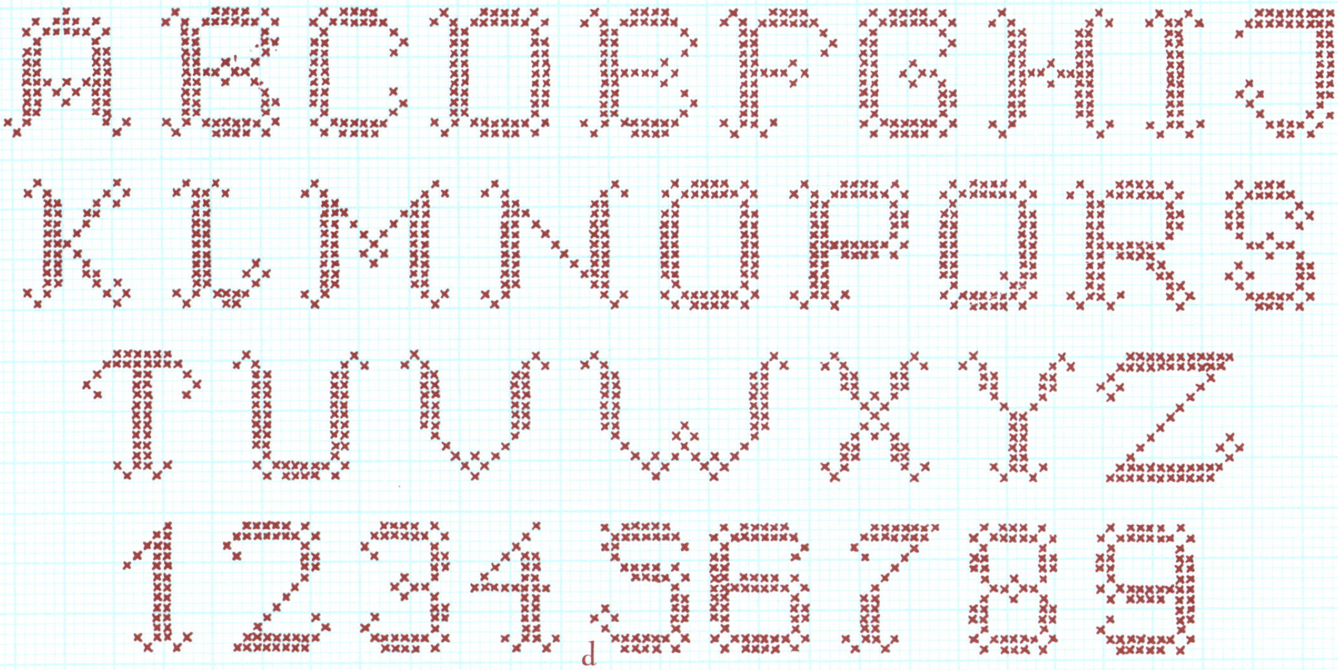

d

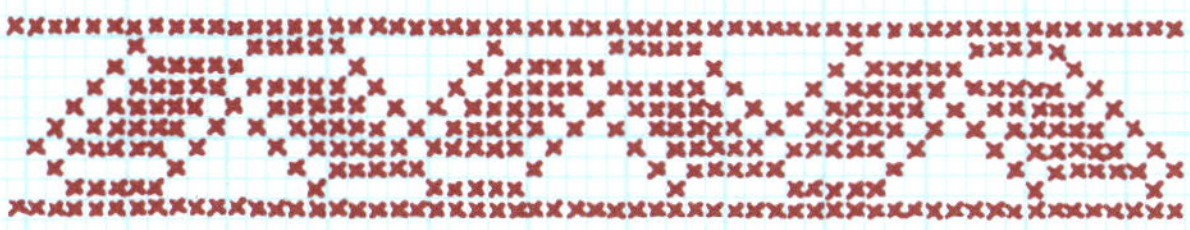

e

2. Teil siehe Blatt 31

Lebendige Volkskunst, Rottenbacher
latt 31

a

b

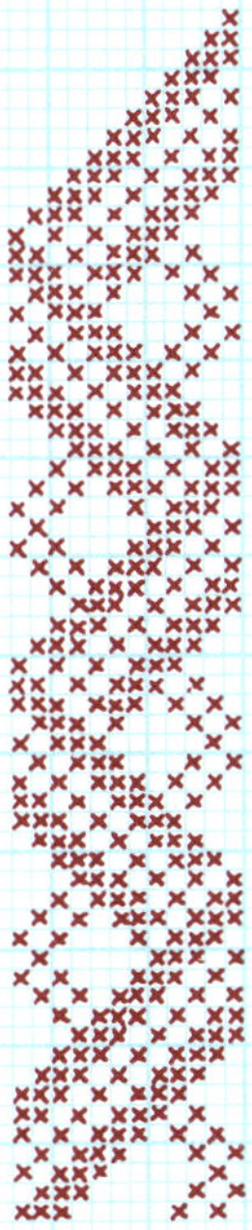

c

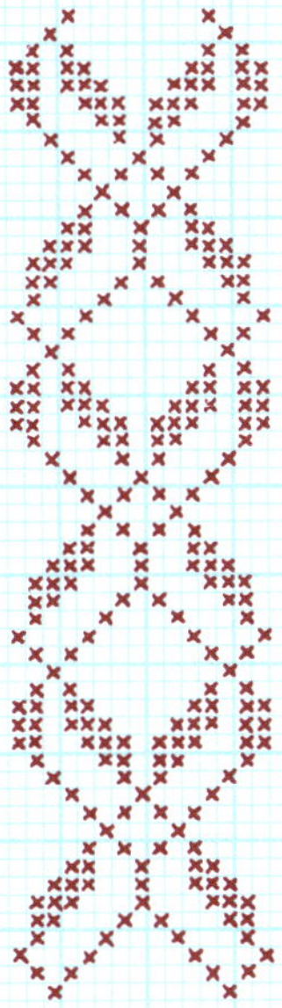

d

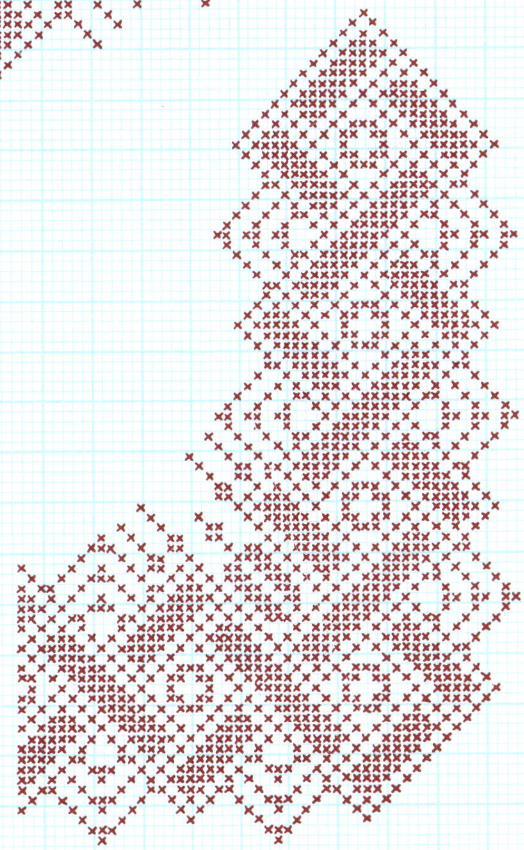

e

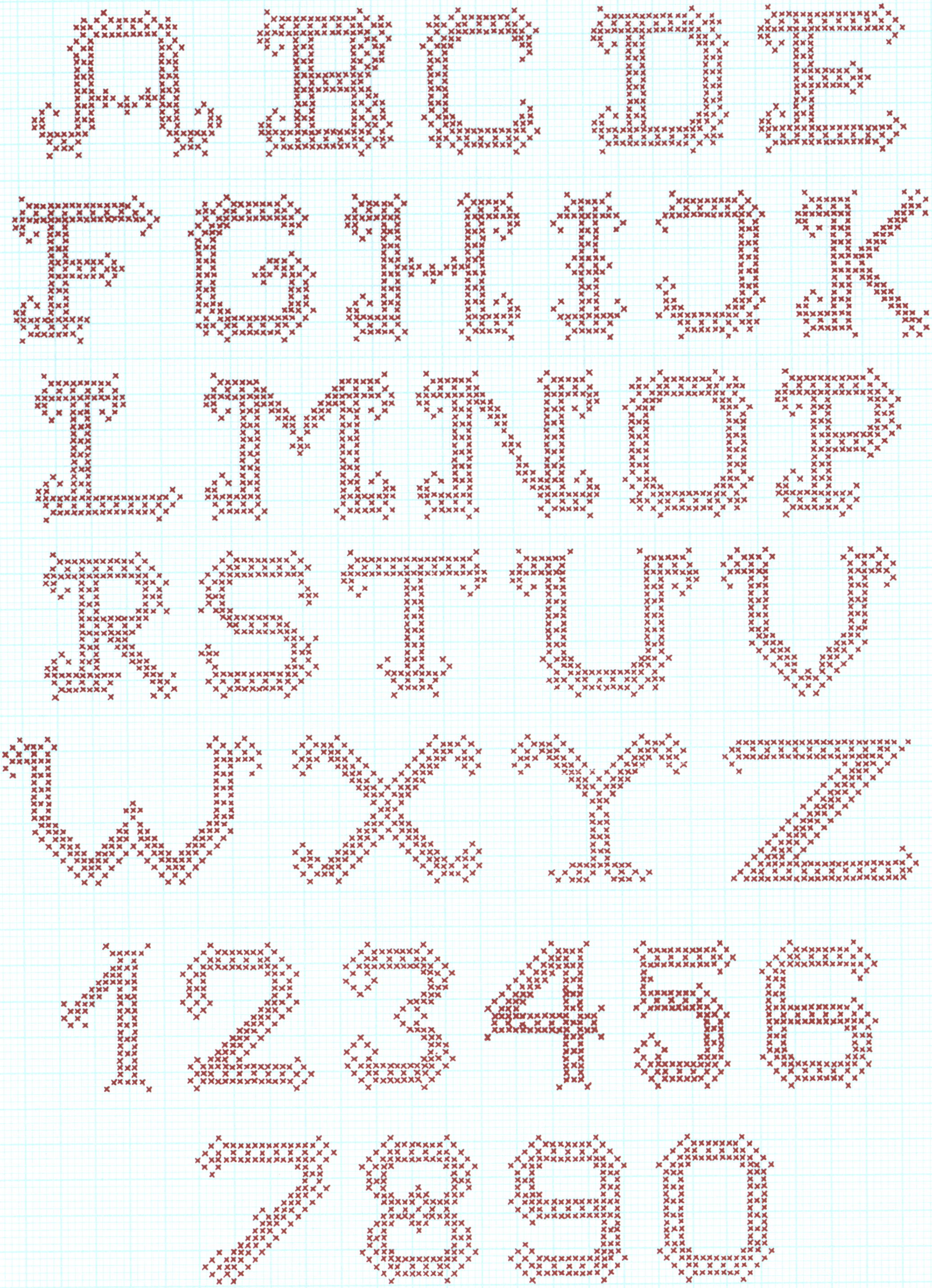

Lebendige Volkskunst, Rottenbacher
att 33

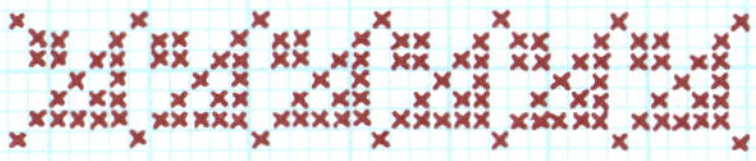

a

b

e

c

d

f

a

d

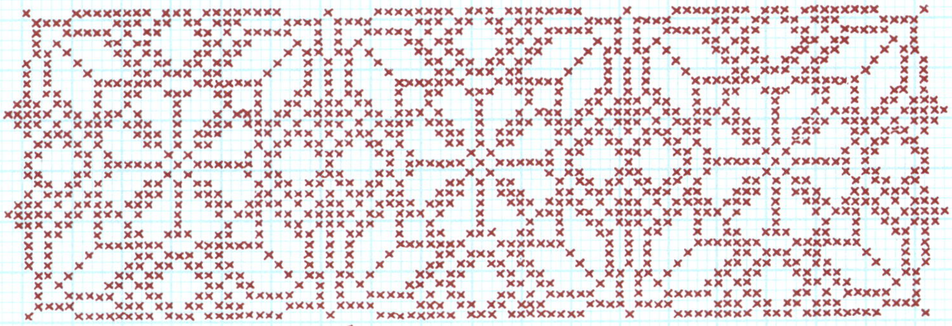

b

c

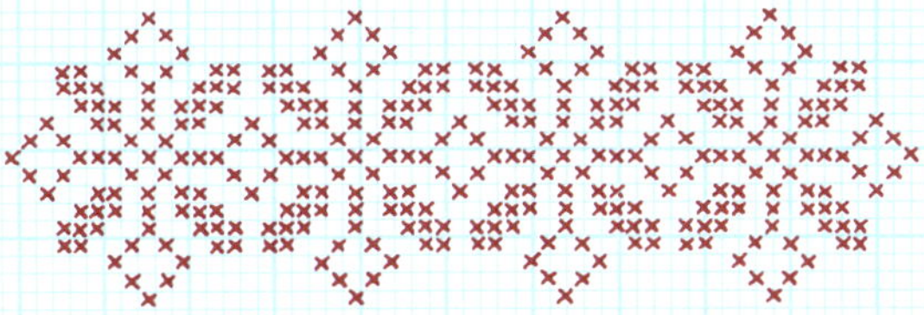

e

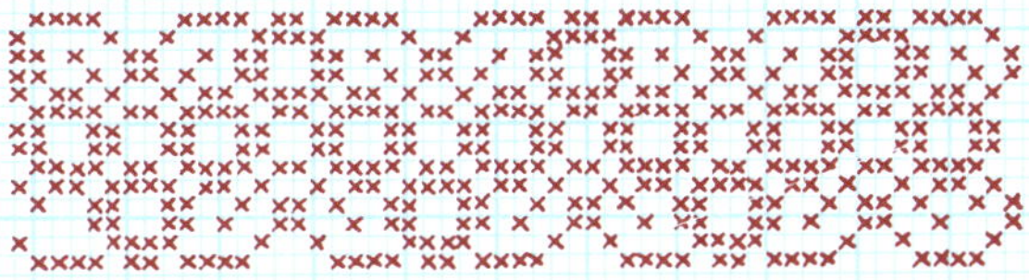

f

g